그래요, 아무도 모를 거예요

우은숙 시집

시인동네 시인선 120   우은숙 시집

그래요, 아무도 모를 거예요

시인동네

시인의 말

나는 날마다
매운 혀를 낮달 속에 구겨 넣고 싶었다

2020년 정월
우은숙

차례

시인의 말

제1부

마음아 천천히 걸어라 · 13

염낭거미 · 14

월미도 마술사 · 15

모래 배꼽 · 16

천리향 · 17

애인을 찾습니다 · 18

몸살 · 19

섬에 들다 · 20

복수초 · 22

어떤 이별 · 23

김제 지평선 · 24

틈 · 25

바이칼 호 · 26

제2부

돌의 맥박 · 29

입술의 서사시 · 30

그날 이후 내게 남은 것은 · 31

모래가 되다 · 32

물의 길 · 33

벌레의 평설 · 34

중생대 백악기 · 35

한계령 · 36

기억의 의자 · 37

메리 설산(雪山) · 38

두 눈을 감으세요 · 39

해미읍성 회화나무 · 40

바람의 깃발 · 41

겹겹 · 42

제3부

모서리 · 45

동백꽃 보러 갔다가 · 46

푸른 별을 보내오다 · 47

민들레꽃 · 48

신호등 · 49

갯메꽃 · 50

오토바이 탄 해녀 · 51

시래기의 힘 · 52

오늘 · 54

말을 많이 한 날 · 55

그리움이 복제되다 · 56

숲속의 티티새 · 57

똥이 밥이다 · 58

제4부

혈서의 밤 · 61

중독된 접속 · 62

어쩌자고 봄은 · 63

모래꽃 핀다 · 64

오동도 · 65

사랑의 굿판 · 66

꽃무릇 · 67

저문 강 · 68

상처 난 꽃 · 69

분명한 연대 · 70

그냥 · 71

신명난 사월 · 72

물그림자 · 73

지독한 고요 · 74

제5부

염화(鹽花) · 77

벌거벗은 도둑 · 78

벽 · 80

별이 된 손금 · 81

어화(漁火) · 82

환승역 · 83

몸부림의 꽃 · 84

낙타 눈썹 · 85

천식 · 86

황사 · 87

편의점의 새벽 · 88

소란한 공감 · 89

혹한 · 90

해설 절제된 형식적 균제미가 아름다움을
 발산한다 · 91
 황치복(문학평론가·서울과기대 교수)

제1부

마음아 천천히 걸어라*

사랑은 눈물을, 눈물은 사랑을
낮게낮게 두라는 말 하늘 끝에 매달고
천천히 다가가는 법 내 안에다 적는다

좀처럼 서두르지 않는 섬진강 강가에서
그리움의 세포마다 마음귀를 열어놓고

듣는다!

천천히 천천히 걸어라, 마음아

---

*인도어 '디레 디레 잘 레 만느(마음아 천천히 천천히 걸어라)'에서 따옴.

염낭거미

아무런 눈물 없이
붉은 살점 내놓는 여자
그 살점 뜯긴다
사랑으로 베인다
가혹한 생의 귀퉁이
숨소리가 출렁인다

하루 치의 밥이
평생 힘이 되는 날
탱탱히 부푼 자궁
신성한 저 제물
애타게 사랑한다는 말
젖은 눈이 출렁인다

월미도 마술사

핑계를 대기엔 바다가 제격이다

실수를 슬쩍 넘긴 아마추어 마술사가

숨겼던 꽃을 펼친다

하루가 다시 핀다

환호는 짧았지만 열정의 눈금만큼

달빛은 제 빛을 길 쪽으로 밀어낸다

오늘은 마술에 걸려

내 삶도 꽃빛이다

모래 배꼽

목마름이 어둠보다 더 짙은 고요 될 때
모래와 모래가 부딪쳐 사각이는 소리
바람은 그 어딘가에 생명을 숨겨놓는다

사막의 한가운데 움푹 팬 모래 배꼽
그 속에 꿈틀거리는 도마뱀 한 마리
태초의 기억을 세워 제 몸을 낮춘다

바람이 휘몰아친 모래언덕 그 아래
침묵 뚫고 풀 한 포기 살며시 나올 때쯤
내 안의 작은 흉터들 모래알로 서걱인다

천리향

소리 없이 펼쳐놓는

연막전술 저 포섭

삽시에 결박당한다

속절없이 갇힌다

암팡진

무형의 배후

치명적인

저

중독

애인을 찾습니다

사랑은 바쁘다 유월은 더욱 짧다
제 짝을 찾기 위한 다급한 목소리들
부풀린 울음주머니 간절함이 가득하다

구와구와 울어대는 맹꽁이의 전언은
귀를 지나 뼛속을 지나 심장까지 닿는다
절박한 사랑노래에 난 귀를 잃는다

온몸으로, 온힘으로 애인을 찾는 외침
위험한 절규가 세레나데가 되는 순간

그냥 확,
습지에 몸 던져
그의 짝이 되고 싶다

몸살

취한 뒤 생각나는

옛 애인의 키스처럼

아문 상처 불러내

가슴에 지문 새기고

못 잊어

다시 또 오는

환절기의 찡한 고집

섬에 들다

#1. 붉은 위안, 사도(沙島)

명암을 어루만져
하나하나 획을 긋고
허공에 퍼져 있는
사랑을 불러 모은

겹주름
덧댄 파도들
이토록 따스했구나

#2. 네게로 가는 길, 낭도

연쇄로 묶여 있는 너와 나의 함수관계
얽힘과 설킴 속에 물 위에 뜬 해당화 몇,

손닿자

뜨거운 살빛
검붉게 열어 보이네

복수초

그렇다
비밀이다
완벽한 위장이다
누구도 흉내 낼 수 없는 무기다

얼음 틈 살짝 웅크린
따라비오름의 복수초

그렇다
설렘이다
완전한 떨림이다
숨겼던 샛노란 치마
살짝살짝 엿보일 쯤

세계가 들썩일 준비
지금부터 시작이다

어떤 이별

간판 불빛 희미한
진안 읍내 동물병원

마지막 숨 고르는
예삐 머리 쓰다듬으며

―괜찮지? 우리 좋았잖아
나직한 그 한마디

내일은 서녘 하늘에
새 별 하나 뜨겠다

멍멍 짖는 소리별
마이산 내려다보며

―그럼요, 참 좋았어요
할아버지께 눈짓하겠지

김제 지평선

하늘 향해 정 조준한 팽팽한 활이었다가

땅속 깊이 일렁이는 완강한 목청이었다가

생명의 새 지평 여는 붉디붉은 걸음이었다가

틈

틈새를 비집는 햇살의 꼭지점

무릎 스친 바람이 움찔하다 멈춰선다

숨겨둔

우주의 등뼈 곧추세우는 한나절

바이칼 호

발목 없는 발목들이 허공을 휘젓는다
물먹은 알혼섬 그녀의 치맛자락이
광막한 천지를 덮네 검붉게 펄럭이네

심연의 목덜미에 속지 말자 다짐하지만
한순간 빨려들듯 그녀에게 안겼으니
보드카 붉은 취기가 눈빛부터 멀게 하네

제 몸을 길게 늘여 밤을 베고 눕는 백야(白夜)
오랜 눈빛 오랜 숨결 새벽마저 굶기고
그녀는 내 야윈 등을 힘차게 휘어감네

제2부

돌의 맥박

삼랑진 만어사에는 바다에서 헤엄쳐 온
고기들이 돌 되어 층층이 누워 있다

그들의 이천 년 전 맥박 두 손으로 만져본다

지느러미 찾으려 집어 든 돌 속엔
검푸른 입술마다 새겨진 언어들이

떠돌던 마음의 부표 화석으로 증언한다

비늘과 꼬리는 시간 속에 감췄지만
원시의 경전으로 읽어내는 이 시간

굳어진 가슴팍에선 바다 냄새 아직 난다

입술의 서사시

석상의 입술 위로 새 한 마리 살풋 난다
불현듯 오천 년이 내게로 다가온다
무수한 발자국을 세다 그만 숫자를 잊었다

견고한 시간으로 새겨진 상형문자 속
입 안 가득 맴도는 비밀 파편 한 조각
빛바랜 기억을 뚫고 통증을 불러낸다

죽음과 악수하는 파라오의 신전들
저토록 눈부시다 뜨겁고 선명하다
그대와 나눈 입술의 삭제 안 된 숨결처럼

람세스의 눈빛에 고여 있는 전언 쫓아
내 안의 날숨들이 혀끝으로 새어 나온다
저 붉은 입술의 서사시 나일강을 새로 쓴다

그날 이후 내게 남은 것은

어머니, 봄보다 먼저 가신 그날 이후

내게 남은 것은
누에 빠진 빈 허물과

철퍼덕,
낡은 신발 닮은
옥계 해안 늙은 파도

모래가 되다

무릎 접은 낙타의 겸손에 올라타고

둥근 가슴 몇을 지나 사구(沙丘)에 도착한 순간

시뻘건 불덩이로 핀 사막의 꽃을 본다

설렘은 떨림으로, 떨림은 두근거림으로

고요마저 삼켜버린 핼쑥한 지구 한 켠

응고된 지난 죄목들 모래 위에 뒹군다

나는 고해성사하는 신자처럼 엎드려

흠집 난 내 영혼을 달래줄 사막에서

모래와 하나가 된다, 한 알의 모래가 된다

물의 길

대지의 딸이여
강물의 딸이여

너는
까치발로 쉼 없이 걸어 나와

너만의
길을
새로
낸다

뻐꾸기
늑골 같은

벌레의 평설

마당의 후박 잎이 덜커덩 떨어진다
고양이 발소리도 기겁할 천둥이다
그믐달 흰 주름 접힌 창백한 밤이다

빚쟁이에 시달리다 야반도주한 주인집
소란하던 둥근 밥상이 햇살만큼 그립다
아이들 재잘대던 웃음은 지워지지 않는다

농담처럼 하얀 달이 걸어오는 문 밖에는
휘어진 상처가 상처를 업는다
바람의 숨결을 꺾는 순간이 온 것이다

중생대 백악기

잠겼던 중생대가 빗소리에 깨어난다

공룡알에 고여 있던 숨결소리 들춰내자

드러난 시간의 숨구멍 선명하게 다가온다

빗물 스민 누대의 몸짓으로 일어나

풀 수 없는 화두 들고 일억 년을 걸어온

먼 전언 발자국 소리 잠든 이마 깨운다

한계령

바람도 닳으면 살갗에서 부드러워진다

굳어진 몸짓도 그곳에선 헐거워진다

무심에

풀리는 속살

헛것의 낡은 옷 한 벌

기억의 의자

뒤엉킨 발자국이 별자리를 흩뜨린다
으깨진 매화 사이 바람이 불 때마다
허기로 핼쑥한 달빛 제 울음을 복제한다

밤새 내린 함박눈이 기억을 지웠는지
언 발을 핥아주던 전설 속 늑대 찾아
빛바랜 봉함엽서 풀고 자서전을 쓰고 있다

맨 처음 다녀간 이 누군지 알 수 없지만
백 년 전 온기가 희미한 외등으로 남아
내 뺨을 어루만지며 빈 의자를 내민다

메리 설산(雪山)

외면하듯 무심을 선택한 지 오래다

통증의 깊이를 몸으로 견딘 나목 옆

득음의 눈꽃 행렬이

적벽가로 터지고,

끝없는 동안거는 묵언만이 화두다

돌올하게 빛나는 백호의 가부좌 위

창창한 하늘 찢는 까마귀

수묵화로 높이 난다

두 눈을 감으세요

구겨 넣고 싶은 순간 살다 보면 종종 있죠
끔찍한 시간들을 베어내고 싶기도 하죠
치명적 실수일수록 더욱더 덮고 싶죠

두 눈을 감으세요 시계를 돌려요
이름도 거울도 모두 다 버리세요
가슴속 돌무덤 가에 잽싸게 묻으세요

됐어요 끝났어요 아무도 모를 거예요
밀랍인형이 다가와 폴카 춤을 출 거예요

—그런데
그림자에 박힌 눈물 냄새는 어쩌죠

해미읍성 회화나무

옹이 박혀 날아간 천 년의 비명 소리
회화나무 속에 앉아 나이테를 세고 있다
유폐된 생목의 시간 흰 새벽을 만들고

성냄도 화냄도 떨궈버린 가지 끝엔
용서로 색칠할 흰 눈이 모여든다
빈 가진 그 눈 받으려 등뼈를 세우고

이제는 그 무엇도 구속할 수 없는
자유의 문을 여는 회화나무 아래서
수많은 눈송이 중에 하나가 된다 나는,

바람의 깃발

울음을 곁에 두고 부른 노래는 젖어 있다

초원의 눈물 배인 어린 양 등에 업고

바이칼 하늘 아래서 사뿐 딛는 맨발들

시베리아, 몽골 지나 한반도에 닿기까지

여러 번 제 몸 바꿔 전속력으로 질주한다

이제야 몸 누일 들판 저만큼 펄럭인다

발걸음을 멈추자 고요히 물드는 노을

설익은 마음 꿰매 빈들에 눕고 나니

흙먼지 낡은 구두가 안도의 깃발 드네

겹겹

저무는 겹겹마다 능소화 꽃잎이다

허공의 겹겹마다 시퍼런 멍이 들고

저 적빈

느리게 흐르는

당신과의 거리

제3부

모서리

저, 도도한 앉음새에 타협은 없었다
옹골찬 모습엔 흐트러짐도 없었다
누구도 범접할 수 없는 단호함만 있었다

그러나 한걸음에 달려온 햇빛 소나기
그 눈부신 절정이 창문을 투과하자
견고한 각진 얼굴이
순해지네
느긋해지네

꼿꼿한 경계가 풀려난 그 자리
모난 것도 둥근 것을 품고 살았구나
몸 안에 잔물결 이는 그곳
딱딱하다가
말랑한

동백꽃 보러 갔다가

당신의 닫힌 방을 하염없이 쳐다보다
돌아올 때 눈동자만 거기 두고 왔나보다
난 그만 길을 잃었다 길들이 흩어진다

숲속에 짙은 그늘 드리운 봉오리가
있는 힘껏 제 숨결을 나누어 주겠다고
접혀진 하늘을 펴지만 또다시 헛걸음질이다

끝끝내 닿지 못한 붉은 방의 숨은 내력
불우한 혼잣말이 난무하는 그 사이
당신은 모퉁이에서 햇살 한 줌 모으는 중

푸른 별을 보내오다

소리조차 느리게 눈을 뜨는 비양도
물의 숨소리 만져 기억을 채울 동안
포말은
몇 번씩 뒹굴며
제 몸을 핥는다

죽기 전의 난꽃처럼 눈물 담은 저 소리
슬픔의 음계에 움푹 팬 바다 한쪽
파도는
몇 번이고 다시
누웠다가 일어난다

낡은 사랑 부여안고 울음 삼킨 초저녁
섬 속의 섬을 지키는 아낙이 안타까워
바다는
몇 번이고 다시
푸른 별을 보내왔다

민들레꽃

저녁의 주머니에서 방금 꺼낸 달 같은

이제 막 가슴속에 들끓는 한숨 같은

플랫폼

틈새로 흩어진

한순간의 사랑 같은

신호등

점멸에서 뛰어나온 소멸되지 않은 감정들
선 밖에 선 사내의 탈색된 마음 열고
기억의 자물쇠가 덜컥, 열리는 순간이다

깜빡이는 순간마다 일렁이는 사랑 때문에
발자국을 뗄 수 없는 무거운 몸짓 사이로
가난한 등꽃들이 매달려 행간을 메운다

그 등꽃 떨어져서 길 하나를 다 덮어도
어긋난 사랑은 계속해서 깜빡이고
네 시의 긴 그림자는 거리 위에 서성인다

갯메꽃

신두리 해안 사구에 갯메꽃 두어 송이
태초의 전설 안고 산맥을 건너온
저 여린
분홍 입술이
바다에 틈을 낸다

한나절 개화 위해 움켜잡은 모래톱
헛바늘 돋아난 옛사랑이 넘실대고
미답의
문 여는 나비
꽃잎이 일렁인다

섬이 된 사내가 한 번쯤 다녀간 자리
무심한 파도 소리 귀에 담는 파도소리
저 혼자
발그레해지다
고개 숙인 손편지

오토바이 탄 해녀

동백꽃 뒤로 밀자 테왁이 꽃이 된다

그녀의 칠십 물길도 봄 닿자 환해진다

빨간색 오토바이는 길 위에서 꽃이 된다

주저 없이 내딛는 가파른 생의 꽃자리

먼 기억 폭죽 터진 물구슬 파편 사이로

오늘은 망사리 가득 첫사랑 담고 달린다

시래기의 힘

행여, 기죽지 마라
환절기 몸살이다
맨 처음 네 입술이
세상 향해 삐죽일 때

성급히
너를 잊고자 흰 눈을 기다렸다

그 겨울 오고
곤궁해진 오후 2시
행여 기죽지 마라
너는 새로 태어난다

뜨겁게
몸 던진 순간 함박눈이 내린다

대붕의 날갯짓으로
세계를 받치던 힘

이제는 실직 앞에
허공 품는 시래기지만

절대로
기죽지 마라
당신은 아·버·지·다

오늘

너는 내게 증거다 안녕의 저울이다
빛들의 연한 잠을 무반주로 낮게 깔고
심장이 들썩하는 사이 질주하듯 다가왔지

내 진한 오후가 뜨겁게 출렁일 땐
너를 위해 노래하고 경배도 올렸지
사랑할 그 순간을 위해 눈물샘도 말렸지

이마를 긁적이던 구부정한 저녁답엔
숲속을 배회하던 노을빛이 달려와
귀 붉은 서녘 들 밟고 너를 위해 기도했지

말을 많이 한 날

나의 혀는 서서히
검게 말려 올라간다
나의 입은 서서히
숯검정이 된다
수많은
이야기가 섞여
흔들리다가
넘치다가

식은 가슴 내보이며
삭은 가슴 건져 올린 날
흰 그늘 드리운
자음과 모음 사이
허기진
반가사유상
백태 낀 집 한 채

그리움이 복제되다

봉긋한 가슴이 눈뜨기 시작할 때
소녀의 눈물도 그제야 시작되었다
동백꽃
꽃말의 의미도 어렴풋이 알게 되었다

허공의 끝자락에 출렁이는 눈빛만큼
설레던 파도마다 열꽃이 익을 때쯤
붉어서
꽃물 토해낸 이별 편지 읽는다

짧디짧은 봄빛 따라 첫사랑이 떠나고
나무만 덩그러니 서 있는 동백동산엔
피멍울
번진 자리마다 그리움이 복제된다

숲속의 티티새

어둠도 새벽도
물컹해진 머리맡에
티티새 한 마리
획, 하고 지나간다
양지와 음지 사이에
아득한
금 긋는다

이마 위에 으깨진
티티새 울음소리

요양원 침대마다
제 몸을 으깬 시간

등 맞댄 숲속의 기침
티티새가 날아간다

똥이 밥이다

물컹한 소똥이 바닥에 떨어지자
얼른 큰 포대에 주워 담는 인도 여인
건기(乾期)가 시작된 마을
아낙들은 바빠진다

손으로 정성껏 그 똥을 반죽하여
얼굴만 한 크기의 거룩한 빵 만든다
몰입한 그녀의 얼굴 신성함도 부푼다

성처럼 쌓아올린 갈색의 마른 똥탑
연료며 밥이다
오늘이며 내일이다
똥탑 옆 붉은 항문이 또다시 열린다

제4부

혈서의 밤

모가지 거머쥐고 달려온 푸른 함성

연둣빛 혈관마다 각혈하듯 토해낸다

동백꽃

꽃잎들의 혈서

봄밤을 찍어낸다

중독된 접속

아침 해의 붉은 촉이

마른 가슴에 닿자마자

사막은 온몸을 떤다

구릿빛 살결이 된다

눈부신

사랑에 접질린

그들의 중독된 하루

어쩌자고 봄은

어쩌자고 봄바람은
내 입술 훔치는가
외면하다 들켜버린
발정 난 여우처럼
복사꽃
과장된 몸짓
엉큼하게 달려오네

어쩌자고 봄빛은
내 발등을 쪼는가
저릿저릿 통증 속에
거친 숨 할딱대는
찔레꽃
지독한 사랑
탱탱하게 부푸네

모래꽃 핀다

얇아진 혀 구겨 넣은 서늘한 모래톱에
발등을 들이밀면 덧난 상처 곪아터져

낱낱이
서걱거린다
눈썹부터 들썩인다

수척한 시간 꿰어 낙타 혹에 걸어두고
사막의 찬 기운 온몸으로 받을 때

모래도
꽃을 피운다
고요로 부신 꽃

오동도

부적처럼 달라붙은
당신의 입술 자국

그 많은 내력들을
자분자분 읊조리자

선 채로
울음 삼킨 섬
동백꽃을 토해낸다

사랑의 굿판

제 몸을 터뜨려 느닷없이 안긴다
한 마디 물음 없이 완강하게 밀어붙여
자신을 스미게 하는 유월의 소나기

소나기 공세 앞에 바빠지는 눈동자들
긴장된 웅덩이 속 부풀린 울음주머니
온몸에 함성을 키워 하늘까지 덮는다

판 벌리고 짝 찾는
맹꽁이의 저 소리
혈 뚫어 본능 깨운
절정의 순간이다
신명난 사랑의 굿판
얼쑤얼쑤 어허라!

꽃무릇

불현듯 서두르는 기색이 역력하다

숨겼던 살빛을 보일 때가 되었나보다

장마철 봇물 터지듯

낭자한 울음소리

목울대 흥건하게 적시는 순간마다

뜨거운 입술에 감염된 사랑앓이

온종일 붉게 소리친다

귀에 물든 핏빛 충동

저문 강

견고한 물감 풀어 저녁을 물들이고

서둘러 돌아가는 풀벌레 울음소리

오체로 엎드린 숨결

그림자만 벌겋다

상처 난 꽃

동시에
터져버린
바람난 불씨처럼

입도 혀도 죄다 헐어
수습조차 난감하다

꽃 하나
피우다 말고
신음에 데인다

분명한 연대

한 가닥 햇살도 허락되지 않는 모악산
그늘에 모여들던 시린 낯빛 물관부들
조금씩 어깨와 어깨를 밀착시키는 중이다

얼었다 녹았다를 반복하는 그사이
완강한 팔짱마다 먼 꿈이 쌓여가고
몸속에 어린 싹 하나 은자로 에워싼다

허공의 혈관 통해 스며드는 은빛 고요
온기의 젖물 품은 가녀린 배냇초록
살며시 밀어올린다 하늘 문 열린다

그냥

선암사
앞마당에
햇빛보다
먼저 온
동자승이
모여앉아
춤인 듯
게송인 듯
허공에
선 하나 긋고
그냥
씩—
웃는다

신명난 사월

가뿐한 온기 속에 순연한 풀포기들

쏟아지는 햇빛의 수런거림 뒤에는

연둣빛 물기둥의 설렘 귀 막아도 들린다

햇살 섞어 만든 가락 불꽃으로 피는데

묵정밭 빈 마음에 소리들이 다 모인다

신명난 사월 또 사월 연초록 문을 열며

물그림자

슬픔의 각을 떠

산그늘에 내다 걸고

핏빛 물든 하늘까지

물결 위에 방생하고

비로소

세상 속으로

걸어가는 저 은자(隱者)

지독한 고요

천천히
몸 눕히고

조였던
나사 풀고

팽팽한
진동판을

지그시
누른 다음

홀린 듯
환상통 앓는

지리산
초록 몸살

제5부

염화(鹽花)

곰소항 염전에 햇살이 곤두박질이다
한곳을 향하여 모질게 내리꽂는다
그 빛에 비틀대는 나는 비정규직 노동자

숨죽이고 있던 내가 부르튼 속살을
허옇게 내보이기 시작한 건 이때였다
납작한 몸을 절이고 마음까지 절인 그때

바람에 물기 말려 서걱해진 서류 위에
짜디짠 염화로 피기 위한 몸부림
올해도 근로계약서에 날인할 수 있을까

모든 것 내보여야 비로소 피는 꽃
온전히 내려놓아야 비로소 피는 꽃
가쁘게 햇살 토해내는 곰소항의 그 소금꽃

벌거벗은 도둑

골목 어귀 굴뚝 높은 목욕탕 문을 민다
얼떨결에 받아든 두 손엔

졸지에 도둑이 된다
확실한 증거다

벌거벗은 채 엉거주춤
내 죄목을 해명하지만

젖은 몸 닦다 보니
다시금

>

또 한 번 도둑이 된다
민망하도록 알몸인

벽

무성한
말과 말이
수없이
난무하는
벽과 벽 사이에서
더
견고한
침·묵·의 벽

음,
흠,
흡!
하늘도 잠깐
숨죽이다
긴
숨
쉰다

별이 된 손금

수많은 손들로 펄럭이는 삶의 솔기들
지하철 손잡이를 잡다 말고 문득
응고된 손금의 언어
되감기로 듣는다

쥐었다 폈다를 반복하는 세상살이
두꺼워진 시간들이 허공 깊이 물들 때
흔들린 사연이 포개져
층리의 살결 되고,
바람은 그 많은 무늬들을 펼쳐 보이며
하나씩 하나씩 그 내력을 적고 있다
도시가 맨발로 걷는 사이
눈을 뜨는 별자리

어화(漁火)

먼 바다
젖은 달이
치마폭을
내린다

만선의
군침 캐는
사내들의
불야성

불끈 쥔
물빛의 찬가
어화 방창
속초항

환승역

2호선과 4호선, 와르르 들뜬 꽃잎들
진초록 풀잎 사이 엇갈리는 눈동자들

아침을 건너온 발들이
튀밥꽃을 피운다

스쳐간 온기 잡고 안부를 묻기도 전
그대의 몸속으로 들어간 숱한 별들

또다시 찾아온 하루가
대숲 속을 걷는다

몸부림의 꽃

위태로운 하루는 거미줄에 길을 낸다
신용불량 이름표가 선명한 골목 끝에
한숨 밴 이력서 쥐고
흰나비가 춤춘다

부채의 기록들은 눈물로 헹궜지만
덜 아문 흉터는 허공에 가 닿는다
빈 하늘 몸부림의 꽃
무반주로 춤춘다

낙타 눈썹

신림동 골목 안 두 평짜리 고시촌
낙타처럼 등 굽은 사내가 거기 있다
컵라면 퉁퉁 분 면발 하루 치 밥이다

몇 년째 고비사막을 건너는 그림자가

헛헛한 오기로 모래언덕 쌓는 동안

미생(未生)의

구김 많은 창

시린 눈썹 휘날린다

천식

어느 날 받아든 구조조정 해고통보서

바싹 마른 미농지에 이십 년을 채우고도

편지는 반송되었다

허기진 막차 타고

이마를 적시는 겨울비는 주소불명

거부하고 싶은 시간 천식되어 쿨럭이자

아직도 비가 내린다

기침도 계속된다

황사

어슴푸레 깨어나는 희붐한 아침 따라

독약의 실타래 마냥 끝없이 풀려 나온다

굴절된 결빙의 미립자

은닉된 시간 건너

편의점의 새벽

찌그러진 종이컵은 어제의 낯빛이다
불어터진 안개가 새벽을 덥석 물자
불면의 취업준비생 부스스 눈을 뜬다

24시간 불 밝힌 편의점 간판 옆
맨발의 바람들이 쉼표 찾지 못하자
나무는 제 몸을 자꾸 그늘 쪽으로 뒤튼다

하늘은 상처 긁어 여명을 만들고
찰기 없는 면발 사이 아침이 수런대지만
똬리 튼
허공의 빈집
편두통을 앓고 있다

소란한 공감

소리 따라 걷는다
연두의 세상이다
수많은 잎사귀에서 울리는 저 소리
실핏줄 툭, 튀어나와 요동치는 이 봄날

남부시장 좌판의 손때 묻은 소리 같네
국밥집 사람들의 땀방울 울림 같네
한 세상 땀으로 피어난 발들이 다 모인 곳

바람이 스친다
가지가 흔들린다
저 여린 잎들의 소란한 몸짓들
서로의 불편한 어깨를
받쳐주네
기대네

혹한

결행의
순간이다
팽팽하게 당겨진 힘

기습 전략 숨겨놓고
활시위에 올린 긴장

오늘을
살게 하는 힘
외줄타기의
시린
끈!

해설

절제된 형식적 균제미가 아름다움을 발산한다

황치복(문학평론가·서울과기대 교수)

1. 생명의 향연, 혹은 말랑말랑함

1998년 《동아일보》 신춘문예를 통해서 등단한 우은숙 시인은 그동안 『마른꽃』 『물무늬를 읽다』 『소리가 멈춰서다』 『붉은 시간』 등 네 권의 시조집을 상재한 바 있다. 그동안 시인은 섬세한 감각을 바탕으로 자연의 반짝이는 아름다움을 잡아내기도 하고, 자연의 이미지를 통해서 농밀한 서정의 세계를 그려내기도 했다. 문학적 주제로 가장 오래된 사랑하던 것들에 대한 그리움이라든가 생명의 신비스러움, 그리고 신산한 서민들의 생활난에 눈길을 보내지만, 시인 특유의 맛깔 나는 언어와 감수성을 통해서 그것을 새롭게 해석하고 변형하여 새로운 시적 아름다움을 일구어내고 있었다. 특히 절제된 언어감

각을 토대로 극도로 압축되고 절제된 형식적 균제미는 시인의 시조가 정갈하고 기품 있는 형식적 아름다움을 발산하도록 하고 있다.

이번에 새롭게 펴내는 『그래요, 아무도 모를 거예요』는 시인의 다섯 번째 시조집이다. 그동안의 시적 작업이 오롯이 승화되면서 더욱 절제되고 정제된 시조의 형식적 아름다움을 갖추면서도 그 표현이 더욱 정교하고 세련되게 가다듬어져 있어서 시조의 풍격을 음미하는 데 손색이 없다. 주제적인 면에서는 생명에 대한 신비와 사랑의 의미, 그리고 극한의 시간과 공간에서 우러나오는 열망과 지금—여기의 현실적 곤궁에 대한 연민 등이 주된 관심사이다. 그러한 주제들은 시인만의 독특한 상상력과 개성이 결합하여 참신한 아우라를 자아내고 있다. 크게 보아 시인의 시적 관심은 생명과 사랑이라고 할 수 있는데, 이처럼 영원한 문학적 주제가 시인에 의해서 어떻게 변용되고 재창조되는지를 살펴보도록 하자. 시인이 생명현상에 대해 찬탄하면서 그 신비로움을 노래할 때도 절창에 이르지만, 이를테면 다음과 같이 생명과 무연한 대상을 다룰 때 시인의 생명의식은 더욱 또렷이 부각된다.

저, 도도한 앉음새에 타협은 없었다
옹골찬 모습엔 흐트러짐도 없었다
누구도 범접할 수 없는 단호함만 있었다

그러나 한걸음에 달려온 햇빛 소나기

그 눈부신 절정이 창문을 투과하자

견고한 각진 얼굴이

순해지네

느긋해지네

꼿꼿한 경계가 풀려난 그 자리

모난 것도 둥근 것을 품고 살았구나

몸 안에 잔물결 이는 그곳

딱딱하다가

말랑한

—「모서리」 전문

"햇빛 소나기"가 닿지 않은 모서리는 "도도한 앉음새"라든가 "옹골찬 모습", "단호함", "견고한 각진 얼굴", "꼿꼿한 경계"라는 구절들이 묘사하고 있는 것처럼 생명이 깃들지 않은 사물의 본래 모습의 표상일 것이다. 그것들의 성질을 한마디로 요약해보면 "딱딱하다", 혹은 "모나다"가 될 것이다. 딱딱하고 모난 사물은 냉정하고 차갑고, 빈틈이 없어 생명이 깃들 수 없다. 햇빛 소나기의 세례를 받지 못한 모서리는 영원히 차갑고 모나고 딱딱한 성질을 지닌 사물의 그것으로 머물러 있을 것이다.

그런데 이 작품의 시적 논리에 의하면 햇빛 소나기가 그 모서리에 닿자 견고하고 각진 얼굴은 "순해지"고 "느긋해지"며, "딱딱하다가/말랑한" 그것으로 변모한다. 그리고 그처럼 딱딱하고 모난 것도 "둥근 것을 품고 살았"다는 것이 드러난다. 모난 것 속의 둥근 것이란 "몸 안에 잔물결 이는 그곳"이라고 할 수 있으며, 잔물결이 이는 그곳이란 바로 딱딱한 씨앗이 생명의 근원을 품고 있는 것과 같이 생명의 잠재성이 숨어 있는 곳을 의미한다. 모난 것은 둥근 것이라는 생명의 잠재성을 보유하고 있기에 햇빛 소나기를 만나면 잔물결이 일고, 그리하여 순해지고 느긋해지며, 말랑말랑해질 수 있는 것이다.

물론 모난 모서리에서 둥근 것을 발견하고, 잔물결을 찾아내는 것은 시인의 주관적인 상상력이 작용한 결과이다. 생명에 대한 시인의 열망과 경사가 그러한 독법을 가능케 했을 터인데, 우리는 이러한 장면에서 우은숙 시인의 모성적인 성향과 생명에 대한 열정을 읽어낼 수 있다. 시인의 생명에 대한 관심, 그중에서도 모성에 대한 관심은 유별나다. 염낭거미에게서 "아무런 눈물 없이/붉은 살점 내놓는 여자"(「염낭거미」)라는 모성적 성향을 읽어내는 것에서도 그것을 확인할 수 있다. 또한 여름날 짝짓기를 위해서 구애 활동을 하는 맹꽁이를 보면서 "구왁구왁 울어대는 맹꽁이의 전언은/귀를 지나 뼛속을 지나 심장까지 닿는다/절박한 사랑노래에 난 귀를 잃는다"(「애인을 찾습니다」)라고 하면서 생명에 대한 본능적 갈망에 대한 격한 이해와 공감을 표하기도 한다. 하지만 시인이 생명의 식을 가장 잘 드러낼 수 있는 곳은 인용한 시처럼 생명이 깃들기 어려운 사물이나 불모지에서이다.

>목마름이 어둠보다 더 짙은 고요 될 때
>모래와 모래가 부딪쳐 사각이는 소리
>바람은 그 어딘가에 생명을 숨겨놓는다
>
>사막의 한가운데 움푹 팬 모래 배꼽
>그 속에 꿈틀거리는 도마뱀 한 마리
>태초의 기억을 세워 제 몸을 낮춘다
>
>바람이 휘몰아친 모래언덕 그 아래
>침묵 뚫고 풀 한 포기 살며시 나올 때쯤
>내 안의 작은 흉터들 모래알로 서걱인다
>
>―「모래 배꼽」 전문

배꼽이란 탯줄이 떨어지면서 흔적으로 남은 자리로서 일종의 흉터인 셈인데, 그러한 점에서 배꼽은 생명의 시원 혹은 근원이라는 의미를 함축하기도 하고, 생명이 본래적으로 지닌 상처와 고통에 대한 은유일 수도 있다. 이 작품의 특징은 이러한 생명의 근원을 불모지인 사막에서 발견하고 있다는 점이다. 「모래 배꼽」이라는 제목에서 알 수 있듯이, 전혀 어울리지 않을 것 같은 모래와 배꼽을 연결하여 생명의식을 더욱 날카롭게 부각시킨다.

모래가 생명의 근원이 될 수 있는 것은 그것이 존재에의 열망인 "목마름"을 간직하고 있기 때문이다. 앞서 분석한 작품에서 모서리가 "둥근 것"과 "잔물결"을 지니고 있었던 것처럼 모래사막은 "목마름"을 간직하고 있었고, 그래서 바람이 습기와 온기를 몰고 와서 모래의 배꼽에 생명을 잉태한다. 사막 한가운데에서 "꿈틀거리는 도마뱀"이라든가 "풀 한 포기"는 그러한 열망의 간절함이 잉태한 생명의 구체적 항목들인 셈이다.

그런데 더욱 주요한 것은 사막에 존재하는 그러한 생명의 형태들이 "태초의 기억"이라는 구절에서 알 수 있듯이 생명의 근원적 모습을 간직하고 있다는 점이다. 사막은 불모의 지대로서 생명이 깃들기 어렵다는 점에서 극한의 공간이라고 할 수 있는데, 그러한 극한의 공간이기에 생명의 가장 원초적 모습을 간직할 수 있었던 것이다. 따라서 사막에 존재하는 생명들은 생명이란 얼마나 험난하고 어려운 과정의 결과물이며, 온갖 고통과 어려움을 뚫고서 생겨난 기적 같은 것이라는 사실을 환기해준다. 시적 화자가 시의 결말 부분에서 "내 안의 작은 흉터들 모래알로 서걱인다"라고 하면서 공감을 표하고 있는 대목은 생명이 지닌 그러한 아픔과 상처에 대한 공명의 결과일 것이다. 이처럼 온갖 역경을 겪고 나타난 생명이기에 그것은 언제나 하나의 경이로운 사건일 수밖에 없다.

    그렇다
    비밀이다
    완벽한 위장이다
    누구도 흉내 낼 수 없는 무기다

    얼음 틈 살짝 웅크린
    따라비오름의 복수초

    그렇다
    설렘이다
    완전한 떨림이다
    숨겼던 샛노란 치마
    살짝살짝 엿보일 쯤

세계가 들썩일 준비
지금부터 시작이다

―「복수초」 전문

  봄의 전령사로서 얼음새꽃이라고도 불리는 복수초가 눈과 얼음을 뚫고 개화하는 모습은 생명이 지닌 성스러움을 상징

적으로 보여주고 있으며, 그것을 바라보는 사람들의 마음은 유정할 수밖에 없다. 차가운 동토를 뚫고 발아해서 꽃잎을 피우는 가엾은 꽃잎은 경외심을 자아내게 한다. 더구나 그 꽃잎이 황금빛과 같이 맑고 깨끗한 노란 빛깔을 지니고 피어날 때에는 옷깃을 여미지 않을 수가 없다. 시적 화자가 얼음 사이로 웅크린 복수초를 보면서 "비밀"이라거나 "위장"이라고 하면서 하나의 "무기"라고 묘사하는 것은 복수초가 감추고 있는 그 생명에의 열정과 열망을 읽어내고 있는 대목이다. 그것을 보면서 "설렘"이라거나 "완전한 떨림"이라고 규정하는 것은 그것이 지닌 성스러움에 대한 경이감을 표현한 것이라고 볼 수 있다.

더욱 중요한 것은 둘째 수 종장의 "세계가 들썩일 준비/지금부터 시작이다"는 대목이다. 조그만 복수초의 개화가 세계를 움직일 힘을 가진 하나의 거대한 사건으로서 그 파장을 과장하고 있는 표현이라고 할 수 있는데, 이러한 과장은 시적 화자가 보기에 지극히 당연한 현상일 것이다. 복수초의 개화는 온갖 간난신고를 이겨내고서 존재에의 주장을 실현한 것이기에 하나의 사건이며, 그것이 얻는 생명의 승리는 하나의 효시가 되어서 온 들녘을 일깨울 것이기 때문이다. 시인이 김제의 넓은 평야를 보면서 "생명의 새 지평 여는 붉디붉은 걸음"(「김제 지평선」)을 읽어내는 것도 같은 맥락에서 이해할 수 있을 것이다. 우은숙 시인에게 생명은 "붉디붉은" 열망의 결정체이기 때문이다.

2. 극한의 공간과 극한의 시간

시인은 섬과 산을 비롯하여 들녘을 거닐기도 하고, 바이칼 호수의 드넓은 대자연과 이집트의 거대한 사막을 톺아가기도 한다. 이러한 행보는 시인에게 지구라는 거대한 공간의 광활함에 대한 자극이 되었을 것이며, 그 공간의 지층과 화석과 같은 유물들에 쌓여 있는 헤아릴 수 없는 광막한 시간에 대해 사유하는 계기가 되었을 것이다. 일상적 삶의 공간에서 벗어나 새로운 시간과 공간을 접하는 것은 삶과 죽음, 혹은 생명과 우주에 대한 근본적인 사유를 자극할 수 있다. 특히 그 공간과 시간이 어떤 극한을 함축하고 있다면 더욱 그러한 시적 사유가 작동할 수 있는 것은 쉽사리 추측할 수 있다.

    외면하듯 무심을 선택한 지 오래다

    통증의 깊이를 몸으로 견딘 나목 옆

    득음의 눈꽃 행렬이

    적벽가로 터지고,

끝없는 동안거는 묵언만이 화두다

돌올하게 빛나는 백호의 가부좌 위

창창한 하늘 찢는 까마귀

수묵화로 높이 난다
　　　　　　　　　　―「메리 설산(雪山)」 전문

히말라야 산맥의 시작점이기도 한 메리 설산은 인간과 생명이 접근하기 어려운 하나의 한계로서 공간적인 극한이라 할 수 있다. 시간과 공간의 극한, 생명과 사고의 극한 등을 함축하고 있기에 메리 설산은 시간과 공간, 우주와 자연, 삶과 죽음 등과 같은 근본적인 형이상학적 사유를 자극할 수 있다.

이 시에서 "무심"이라든가 "득음", "동안거"와 "묵언" 등의 어휘들은 메리 설산이 시적 화자를 압도하여 자연스럽게 삶의 이치와 세상의 이치에 대해 사유하도록 하고 있음을 암시한다. 시인이 묘사하고 있는 장면들이 연약한 존재자로서의 인간의 접근을 거부하고 있는 것을 보면 이러한 현상은 당연한 것으로 이해할 수 있다. 즉 "통증의 깊이를 몸으로 견딘 나목"이라든가 "득음의 눈꽃 행렬", 그리고 "돌올하게 빛나는 백호의 가부좌", "창창한 하늘 찢는 까마귀"는 문명의 보호막을 벗어던진 알몸 그대로의 자연, 혹은 날것 그대로의 풍경을 보여주고 있다. 인간적인 연민이나 하소연이 틈입할 여지가 없는 이러한 절대 고독, 혹은 고절(孤節)의 공간에서 인간은 자신을 이리저리 움직이는 운명이나 신을 떠올리게 되는데, 그러한 상념이 종교적인 어휘들을 불러오고 있는 것이다. 시인은 극한을 상징하는 한계령에 대해서도 "무심에/풀리는 속살/헛것의 낡은 옷 한 벌"(「한계령」)이라고 하면서 극한의 공간이 해탈과 자유의 공간과 연결되어 있음을 드러내고 있기도 하다. 사막은 불모지로서 또 다른 공간의 극한이라고 할 만하다.

무릎 접은 낙타의 겸손에 올라타고

둥근 가슴 몇을 지나 사구(沙丘)에 도착한 순간

시뻘건 불덩이로 핀 사막의 꽃을 본다

설렘은 떨림으로, 떨림은 두근거림으로

고요마저 삼켜버린 핼쑥한 지구 한 켠

응고된 지난 죄목들 모래 위에 뒹군다

나는 고해성사하는 신자처럼 엎드려

흠집 난 내 영혼을 달래줄 사막에서

모래와 하나가 된다, 한 알의 모래가 된다
　　　　　　　　　　―「모래가 되다」전문

　한도 끝도 없이 펼쳐진 사막에 태양이 비추기 시작하자 사막의 모래들은 "시뻘건 불덩이로 핀 사막의 꽃"이 된다. 그 장엄한 장면을 바라보는 마음속 전율은 "설렘은 떨림으로, 떨림은 두근거림으로"라는 표현에 잘 나타나 있다. 이러한 대자연 앞에서 시인은 과거의 잘못을 떠올리게 되고, "고해성사하는 신자처럼 엎드"리게 된다.

　사막에서 이루어지는 일출의 장면을 바라보면서 갑자기 시인은 왜 자신이 지은 과거의 죄목을 떠올리고, 회개하는 중생이 된 것일까? 그 심리적 메커니즘은 "모래와 하나가 된다, 한 알의 모래가 된다"는 구절에 내포되어 있다. 거대한 자연 앞에서 자신이 사막의 모래알만큼 미미한 존재라는 것을 자각하게 되고, 그러한 자각은 거대한 존재로서의 자연을 주재하고 자신의 운명을 좌우하는 절대자에 대한 상념에 이르게 한다. 그러자 한없이 낮은 존재자로서 모든 오만과 편견에서 벗어나게 되고 그러했던 과거의 자신을 성찰하게 되는 것이다. 이러한 측면에서 극한의 공간으로서 사막은 진정한 자아를 찾아가는 기제라고 할 수 있을 것이다. 극한의 시간 또한 극한의 공간과 다르지 않다.

> 삼랑진 만어사에는 바다에서 헤엄쳐 온
> 고기들이 돌 되어 층층이 누워 있다
>
> 그들의 이천 년 전 맥박 두 손으로 만져본다
>
> 지느러미 찾으려 집어 든 돌 속엔
> 검푸른 입술마다 새겨진 언어들이
>
> 떠돌던 마음의 부표 화석으로 증언한다
>
> 비늘과 꼬리는 시간 속에 감췄지만
> 원시의 경전으로 읽어내는 이 시간
>
> 굳어진 가슴팍에선 바다 냄새 아직 난다
> ―「돌의 맥박」 전문

경남 삼랑진의 만어산에 있는 만어사에는 물고기들이 돌로 변했다는 전설이 전해져 오고 있으며, 실제로 만어사 뒤편으로는 물고기를 닮은 수많은 너덜들이 널려져 있다. 전설의 내용은 대략 다음과 같다. 용왕의 아들이 길을 떠나자 수많은 고기떼가 그의 뒤를 따랐는데, 그가 멈춘 곳이 만어사였다. 만어사에 이르자 용왕의 아들은 큰 미륵돌로 변했고, 그를 따르던 수많은 고기들 또한 크고 작은 돌로 변했다.

시인이 만어사에서 고기들이 변하여 생기게 되었다는 "돌"에 주목하며 읽어내는 가장 중요한 지표는 바로 "이천 년"이라는 시간이다. 삼국유사의 기록에 근거해 볼 때, 만어사는 46년 신라 수로왕에 의해 창건되었다고 하는데, 그렇다면 이천 년이라는 시간이 전혀 과장이 아님을 알 수 있다. "검푸른 입술마다 새겨진 언어"라든가 "떠돌던 마음의 부표" 등, 만어사의 '만어석'(萬魚石)에는 이천 년이라는 시간 외에도 용왕을 따라왔던 물고기들의 전언이라든가 그들의 심정 등이 세월의 장벽을 넘어 시인에게까지 닿고 있다. 시인은 그것들을 한 편의 "원시의 경전"이라고 명명하며 성스러운 의미를 부여한다.

이천 년의 시간을 함축하고 있는 만어석이 한편의 원시의 경전일 수 있는 까닭은 역시 그 것이 내포하고 있는 한계 상황 때문일 것이다. 이천 년이라는 시간은 백 년도 살지 못하는 유한한 인간에게 넘지 못할 벽으로서 인간의 처지와 위상을 각인시키는 효과를 발휘한다. 이천 년의 시간 동안 물고기의 전언과 그들의 마음을 담고서 하나의 상징으로 전달되고 있는 만어석은 우리 자신과 근본을 돌아보게 하는 것이다. 그런 것들이 바로 경전이 하는 역할이 아니겠는가?

　더구나 시간은 하나의 이야기를 생성하고, 그것을 전달하는 역할을 한다. 시인이 오천 년의 시간이 새겨진 상형문자와 같은 파라오의 신전을 보면서 거대한 나일강의 "서사시"(「입술의 서사시」)를 연상한다거나 공룡이 살았던 중생대의 화석을 보면서 "풀 수 없는 화두 들고 일억 년을 걸어온/먼 전언 발자국 소리 잠든 이마 깨운다"(「중생대 백악기」)라고 하는 것은 바로 시간에 담긴 서사성을 염두에 두고 있기 때문이다. 시간은 신성한 이야기로서의 서사시와 경전과 연결되어 우리를 신화와 종교의 세계로 이끌게 된다. 다음 시는 시간이 종교와 밀접히 결부될 수 있음을 명증하게 보여준다.

　　옹이 박혀 날아간 천 년의 비명 소리
　　회화나무 속에 앉아 나이테를 세고 있다
　　유폐된 생목의 시간 흰 새벽을 만들고

　　성냄도 화냄도 떨궈버린 가지 끝엔
　　용서로 색칠할 흰 눈이 모여든다
　　빈 가진 그 눈 받으려 등뼈를 세우고

　　이제는 그 무엇도 구속할 수 없는
　　자유의 문을 여는 회화나무 아래서

수많은 눈송이 중에 하나가 된다 나는,

　　　―「해미읍성 회화나무」 전문

서산 해미읍성의 회화나무는 실제로는 수령 300년이라 추정되고 있지만, 시적 화자는 거기에서 "천년의 비명 소리"를 읽어내고 있다. "비명 소리"라든가 "유폐된 생목의 시간" 등의 구절들이 이 나무가 천주교 신자의 탄압과도 연루되어 있다는 역사적 사실을 환기시켜준다. 그런데 시적 화자에게 이 나무는 "성냄과 화냄도 떨궈버린" "용서"를 상징하는 나무로, 그리고 "그 무엇도 구속할 수 없는" "자유"의 나무로 수용되고 있다.

어찌하여 해미읍성의 회화나무가 용서와 포용, 그리고 자유와 해탈의 나무로 받아들여지고 있는 것일까? 역시 비밀은 시간에 있을 것이다. 천년의 세월을 회화나무는 그 나이테에 간직하고 있다는 것, 그리하여 "용서로 색칠할 흰 눈이" 그 나무를 향해서 모여든다는 시적 상황을 고려해 보면, 시간의 힘으로 인해서 그 나무는 "성냄도 화냄도 떨궈버"릴 수 있었다는 것, 그리고 어떠한 구속이나 장애도 극복할 수 있었다는 것을 추론할 수 있다. 천년의 시간이 정화와 해원의 역할을 하였으며, 얽매임과 막힘을 눈 녹이듯 녹여버리는 해탈과 달관의 기능을 발휘했던 것이다. 이와 같은 경지에 도달한 회화나무가 종교적 숭배의 대상이 되는 것은 이상할 것이 없는데, 시적 화자는 셋째 수의 종장에서 "수많은 눈송이 중에 하나가 된다 나는,"이라고 하면서 자신 또한 회화나무에 귀의해서 용서와 관용의 경지를 실현할 것을 다짐한다.

극한의 공간과 극한의 시간에 대한 천착을 통해서 시인은 자유의 경지로 나아가고 있는데, 이러한 대목은 매우 주목할 만하다. 우은숙 시인의 시적 과정이 한 단계 성숙하고 깊어지는 계기가 될 수 있다고 보이기 때문이다. 그리고 이러한 삶과 죽음, 인간과 우주에 대한 근원적이고 본질적인 시적 사유는 시인이 추구하는 생명과 사랑의 면모를 더욱 그윽하고 심오한 국면으로 끌고 갈 수 있을 것이다.

3. 사랑, 사물들이 끌어당기는 인력(引力)

우은숙 시인이 추구하는 가장 주된 시적 영역은 '사랑'일 것이다. 사랑이라는 주제는 가장 오래된 시적 주제이기도 하지만, 앞으로도 사라지지 않고 계속 쓰일 주제이기도 하다. '연시(戀詩)'야말로 시의 가장 대표적인 장르이자 가장 오래 지속될 시의 장르이기도 하기 때문이다. 앞서 펴낸 네 권의 시집에서도 가장 중요한 관심사는 역시 사랑이었다고 해도 과언이 아닐 정도로 우은숙 시인은 사랑에 빠져 있다. 그런데 시인의 연시 중에서 남녀 간의 사랑을 표현한 시보다는 사물에 대한 사랑이나 사물과 사물들이 서로 끌어들이는 친연성으로서 노래한 시편들이 훨씬 농밀한 서정과 아름다움을 지니고 있다. 그러한 점에서 우은숙 시인에게 사랑이란 남녀 간의 열애이기도 하지만, 광의의 타자와 맺는 관계를 지칭하는 것이며, 그것들을 향한 애련(哀憐)으로서, 이웃을 향한 애처롭고 가여운 마음을 뜻하는 것이기도 하다. 시집의 첫 장을 차지하고 있는 다음 작품이 저간을 사정을 잘 알려준다.

> 사랑은 눈물을, 눈물은 사랑을
> 낮게낮게 두라는 말 하늘 끝에 매달고
> 천천히 다가가는 법 내 안에다 적는다
>
> 좀처럼 서두르지 않는 섬진강 강가에서
> 그리움의 세포마다 마음귀를 열어놓고
>
> 듣는다!
>
> 천천히 천천히 걸어라, 마음아
> ―「마음아 천천히 걸어라」 전문

제목은 「마음아 천천히 걸어라」이지만, 이 시가 사랑을 노래하고 있음을 쉽사리 짐작할 수 있다. "사랑은 눈물을, 눈물은 사랑을/낮게낮게 두라는 말"을 강조하면서 사랑의 방법을 암시하고 있기 때문이 아니라 "천천히 다가가는 법"이라든가 "듣는다!"라는 구절을 통해서 사랑의 속성에 대한 통찰을 보여주고 있기 때문이다. "사랑은 눈물을, 눈물은 사랑을/낮게 낮게 두라는 말"은 사랑이란 급한 마음으로 경박하게 접근할 것이 아니며, 감정으로만 흘러서도 안 될 것이라는 통찰을 암시하고 있다. 그래서 "좀처럼 서두르지 않는 섬진강"을 사랑의 대표적인 표상으로 제시한다. 느리고 유장한 흐름을 통해서 섬진강은 주변의 생명들을 품어 안기 때문이다.

하지만 더욱 중요한 통찰은 "천천히 다가가는" 것이 사랑이라는 것, 그리고 보는 것이 아니라 "듣는" 것이 바로 사랑의 본질이라는 것이다. 천천히 다가가는 것은 사랑하는 대상의 속성에 대한 관심과 그것의 숙성을 의미하며, 듣는다는 것은 주체 중심의 사랑의 아니라 타자 중심의 사랑을 의미한다. 사랑은 사랑하는 대상의 생리와 속성, 그리고 그것이 지닌 잠재성에 대해서 면밀히 관찰해서 접근해 가야 함으로 "마음아 천천히 걸어라"라는 명제가 성립할 수 있는 것이다. 그리고 또한 천천히 걷는 것은 듣기 위해서도 필요한 조치이다. 따라서 마음이 천천히 걷는 것은 사랑을 위한 방법론을 제시한 셈이다. 이렇게 천천히 걷는 마음이 되었을 때, 시인은 우리를 둘러싸고 있는 주변의 사물들이 모두 사랑에 빠져 있음을 발견한다.

#1. 붉은 위안, 사도(沙島)

명암을 어루만져

하나하나 획을 긋고

허공에 퍼져 있는

사랑을 불러 모은

겹주름

덧댄 파도들

이토록 따스했구나

―「섬에 들다」 부분

  사도라는 섬을 둘러싸고 일렁이는 파도들의 "겹주름"은 "명암"을 불러오고, "허공에 퍼져 있는/사랑을 불러 모"아서 만들어진 것이다. "허공에 퍼져 있는/사랑"이란 구절에서 시인의 세계에 대한 인식과 사랑의 속성에 대한 생각을 읽어낼 수 있는데, 세계는 사랑이라는 질료로 구성되어 있으며, 그래서 사랑은 언제 어느 곳에나 편재하고 있다는 생각이 함축되어 있기 때문이다. 이 작품의 소제목을 "붉은 위안, 사도(沙島)"라고 한 이유도 분명해지는데, 그것은 사도가 사랑의 섬이기 때문이다. 이 시집의 여러 부분에서 확인할 수 있듯이 사랑은 붉은색의 이미지로 그려진다. "붉은 위안"이라는 말이 성립할 수 있는 것은 바로 사도가 사랑의 색채를 취하고 있기 때문이다. 그리고 붉은 위안인 사도는 사랑으로 이루어졌기에 "이토록 따스"할 수가 있다. 우은숙 시인이 사랑에 빠져 있는 것은 섬뿐만이 아니다. "민들레꽃", "신호등", "갯메꽃", "오토바이 탄 해녀"들도 그렇지만 시인이 좋아하는 "사막" 또한 지독한 사랑에 중독되어 있다.

    아침 해의 붉은 촉이

    마른 가슴에 닿자마자

    사막은 온몸을 떤다

    구릿빛 살결이 된다

    눈부신

    사랑에 접질린

    그들의 중독된 하루
                            —「중독된 접속」 전문

아침의 햇살과 사막의 "마른 가슴"이 서로 만나 "구릿빛 살결"을 만들어내고 있다. 아침의 햇살은 사막을 마른 가슴에서 구릿빛 살결로 바꾸어 놓을 수 있는 힘을 지니고 있는 셈인데, 이것은 곧 사랑의 힘이라고도 할 수 있을 것이다. 사막은 아침 햇살과의 사랑으로 전율을 일으키는데, "사막은 온몸을 떤다"는 구절이 그러한 변화를 표현해주고 있다. 사랑은 전율을 불러오고, 전율은 환희와 열정의 중독을 초래해서 하루를 열광의 도가니로 만든다. "그들의 중독된 하루"가 이를 표상한다. 중요한 것은 이러한 전율과 중독은 햇살과 사막의 "접속"에서 가능해진 것이며, 그들의 접속은 서로 끌어당기는 인력이 없었으면 불가능한 것이라는 점이다. 사랑은 사막의 하루를 중독된 하루가 되게도 하지만, 궁극적으로 이 세상이 운행되도록 하는 힘이기도 하다.

4. 애련(哀憐), 현실 속의 애처롭고 가엾은 마음

사물들만 사랑을 하는 것은 아닐 것이다. 사물들에서 서로 끌어당기는 인력을 읽어낼 수 있는 것은 시인의 마음이 그러한 사랑으로 가득 차 있기 때문이다. 그러한 마음으로 세상의 비참한 풍경들이 스며들면 시인은 그 가엾고 애처로운 풍경에 끌려 들어간다. 국가 권력으로부터 어떠한 보호나 도움을 받지 못하고 홀로 생존의 투쟁에 내던져진 시민들의 현실에 대해 시인의 눈길이 닿는다. 이 시집의 5부의 대부분을 채우고 있는 이러한 이웃에 대한 사랑의 시편들은 사물들의 사랑만큼이나 따뜻하지만, 현실의 부조리와 구조적 모순에 대한 분노가 스며 있기도 하다.

> 곰소항 염전에 햇살이 곤두박질이다
> 한곳을 향하여 모질게 내리꽂는다
> 그 빛에 비틀대는 나는 비정규직 노동자
>
> 숨죽이고 있던 내가 부르튼 속살을
> 허옇게 내보이기 시작한 건 이때였다
> 납작한 몸을 절이고 마음까지 절인 그때
>
> 바람에 물기 말려 서걱해진 서류 위에
> 짜디짠 염화로 피기 위한 몸부림
> 올해도 근로계약서에 날인할 수 있을까
>
> 모든 것 내보여야 비로소 피는 꽃
> 온전히 내려놓아야 비로소 피는 꽃
> 가쁘게 햇살 토해내는 곰소항의 그 소금꽃
>
> ―「염화(鹽花)」 전문

'염화(鹽花)'는 염전에 고인 물이 햇살에 증발되고 남은 결정체로서 소금꽃을 의미하기도 하지만, 땀 흠뻑 흘린 노동자의

몸에서 피어나는 소금꽃을 함축하기도 한다. 둘 모두 힘든 과정을 거친 결정체라는 점에서 소중한 의미를 지니고 있다. 염전의 소금꽃이 값진 보상과 연결되어 있다면 힘든 노동의 결과로 피어난 소금꽃은 반드시 그렇지는 않다는 점에서 자연과 사회의 차이를 발견할 수 있다.

이 작품은 주로 사회적 노동 과정에서 피어난 소금꽃에 초점이 맞추어져 있는데, 그렇기 때문에 구조적 부조리에 대한 분노와 항의의 시정신이 숨겨 있기도 하다. "나는 비정규직 노동자"라든가 "올해도 근로계약서에 날인할 수 있을까"라는 구절들이 소금꽃을 강요하는 현실과 그것조차도 불확실한 미래의 불안 심리를 잘 담아내고 있다. 시인에게 소금꽃은 "모든 것 내보여야 비로소 피는 꽃"이자 "온전히 내려놓아야 비로소 피는 꽃"이라는 점에서 생존을 위해 모든 것을 희생할 것을 강요하는 꽃이라고 할 수 있다. 비록 "나는 비정규직 노동자"라고 노래하고 있지만, 이 시는 이 땅에서 소금꽃을 피우며 살아가고 있는 모든 비정규직 노동자를 위한 노래라는 점을 쉽게 짐작할 수 있다. 소금꽃을 피울 것을 강요받고 살아가는 비정규직 노동자들의 삶은 모래사막을 걷는 것과도 다르지 않을 것이다.

신림동 골목 안 두 평짜리 고시촌
낙타처럼 등 굽은 사내가 거기 있다

컵라면 퉁퉁 분 면발 하루 치 밥이다

몇 년째 고비사막을 건너는 그림자가

헛헛한 오기로 모래언덕 쌓는 동안

미생(未生)의

구김 많은 창

시린 눈썹 휘날린다
—「낙타 눈썹」 전문

 힘든 등짐을 짊어지고 사막을 횡단해야 하는 낙타와 같이 "신림동 골목 안 두 평짜리 고시촌"에 "낙타처럼 등 굽은 사내가" 살고 있다. "컵라면 퉁퉁 분 면발"이 그가 하루 동안 일용할 양식이다. 그는 희망고문을 당하며 "몇 년째 고비사막을 건너"가고 있다. 이 고비를 넘기면 완생으로 나아갈 수도 있겠다는 희망을 품고 살지만, 그의 처지는 여전히 미생(未生)으로서 온전한 삶이 보장되어 있지 않다. 그가 처한 상황은 바둑에서 집이나 대마가 아직 완전하게 살아 있지 않은 상태로서, 완생의 최소 조건인 독립된 두 눈이 없는 그러한 상태에 머물러 있는 것이다.

　신림동 고시촌에 깃들어서 미생의 삶을 살아가고 있는 사람들을 바라보는 시인의 시선은 애틋하기 그지없다. 그들의 삶을 모래사막을 건너가는 낙타에 비유하기도 하고, 혹한과 혹서를 견디는 낙타의 굽은 등이라든가 눈썹을 부조하면서 그들의 삶의 처지를 환기하고 있는 대목에서 그러한 것을 확인할 수 있다. 또한 이 작품에 등장하는 수많은 굴곡의 이미지들이 그러한데, "두 평짜리 고시촌"에서는 등을 구부리고 새우잠을 자는 모습을 연상할 수 있고, "낙타처럼 굽은 등"은 그가 짊어지고 있는 등짐의 무게를 가늠할 수 있게 한다. 또한 "고비사막"에서는 절정으로 치닫는 국면의 어떤 굴곡을 연상할 수 있으며, "구김 많은 창"에서는 하고자 하는 일의 진행이 순조롭게 되지 않고 꼬이고 막혀서 생긴 주름이나 잔금 등을 연상할 수 있다. 시인은 이러한 이미지를 부조하면서 이 땅의 미생들이 처한 모습에 대해 한없이 애틋한 마음으로 위로와 위안을 전하고 있는 것이다. 도시의 곳곳에 편재하고 있는 편의점은 그러한 삶이 신림동의 고시촌에 국한된 것만은 아니라는 것을 보여준다.

　　찌그러진 종이컵은 어제의 낯빛이다
　　불어터진 안개가 새벽을 덥석 물자
　　불면의 취업준비생 부스스 눈을 뜬다

24시간 불 밝힌 편의점 간판 옆

맨발의 바람들이 쉼표 찾지 못하자

나무는 제 몸을 자꾸 그늘 쪽으로 뒤튼다

하늘은 상처 긁어 여명을 만들고

찰기 없는 면발 사이 아침이 수런대지만

똬리 튼

허공의 빈집

편두통을 앓고 있다

―「편의점의 새벽」 전문

"찌그러진 종이컵", "불어터진 안개", "불면의 취업준비생" 등의 구절들이 저간의 사정을 설명해준다. 값싼 가공식품이 그들이 일용한 양식의 전부라는 것, 그들의 삶은 불어터진 라면처럼 생기도 윤기도 없이 늘어진 것이라는 점, 그들은 취업준비생으로서 사회생활의 처음부터 실업의 고통부터 만끽해야 한다는 점 등이 압축적인 묘사와 이미지를 통해서 함축되고 있다.

시인은 이들을 위해서 가슴 아파하며 작은 위로의 마음을 건네고자 한다. "나무는 제 몸을 자꾸 그늘 쪽으로 뒤튼다"는 구절이 바로 그러한데, 이러한 표현에는 "맨발의 바람들이 쉼표 찾지 못하"는 상황에 대해 애써 작은 숨통이자 쉼터인 그늘을 만들어주고자 하는 시인의 마음이 담겨 있는 것이다. 물론 이러한 애도와 위안이 사회 구조적인 부조리를 해결하는 궁극적인 방안이 될 수는 없을 것이다. 이 작품의 셋째 수에서 "꽈리 튼/허공의 빈집/편두통을 앓고 있다"고 하면서 그들 앞에 공허한 희망만이 놓여 있음을 암시하는 대목에서 그러한 사실을 확인할 수 있다. 하지만 호모 사케르와 같은 소외된 현대인들에게 작은 위안들이 모이면 그것은 사회의 구조적 변혁을 위한 공감과 연대의 단초를 제공할 수도 있을 것이다.

 이상으로 우은숙 시인의 다섯 번째 시조집의 면모를 간략하게 확인해 보았다. 작품의 분석을 통해서 실증해 보았지만, 우은숙 시인의 작품들은 군더더기 없이 깔끔하고 정제된 형식을 통해서 시조의 품격을 한껏 높이고 있다. 최대한 말을 아끼고, 감정을 절제해서 울림의 여백을 만든다. 그리고 참신한 감각과 사유를 통해서 이 세상에 숨어 있는 생명의 기운과 사랑의 온기를 확인하려고 한다. 현실의 부조리와 구조적 모순을 목격할 때에는 분노가 없지는 않지만 그러한 모순을 감싸 안고서 조그만 위로와 위안을 주려고 한다. 그러한 위로와 위안이 삭막한 현실의 작은 숨통이 될 수 있다고 믿기 때문이다. 이러한 점에서 우은숙 시인은 사랑의 시인이라고 할 만하다. 그가 사물들에게 서로 끌어당기는 힘으로서의 인력(引力), 혹은 친연성에 끌리는 것도 당연하다 하겠다. 사막과 화석 등이 간직하고 있는 공간과 시간의 극한에 대한 사유는 시인의 관심을 자연과 우주, 삶과 죽음에 대한 근원적 생각으로 이끌고 있다. 이러한 시적 관심이 시인의 시적 경지를 한 단계 도약시킬 수 있는 계기가 될 것이다.

이 도서의 국립중앙도서관 출판시도서목록(CIP)은 서지정보유통지원시스템 홈페이지(http://seoji.nl.go.kr)와 국가자료공동목록시스템(http://www.nl.go.kr/kolisnet)에서 이용하실 수 있습니다.(CIP제어번호: CIP2019053350)

시인동네 시인선 120
그래요, 아무도 모를 거예요
ⓒ 우은숙

초판 1쇄 인쇄 2020년 1월 2일
초판 1쇄 발행 2020년 1월 9일
   지은이 우은숙
   펴낸이 고영
   책임편집 서윤후
   디자인 혜이존
   펴낸곳 문학의전당
   출판등록 제2017-000002호
   주소 서울시 마포구 마포대로 11길 91, 3층
   전화 02-852-1977 팩스 02-852-1978
   전자우편 sbpoem@naver.com

   ISBN 979-11-5896-449-8 03810

*이 책의 판권은 지은이와 문학의전당에 있습니다.
*양측의 서면 동의 없는 무단 전재 및 복제를 금합니다.
*잘못 만들어진 책은 바꿔드립니다.
*이 시집은 2018년 아르코문학창작기금의 수혜를 받아 발간되었습니다.